ISBN 978-1-332-39658-0
PIBN 10417214

This book is a reproduction of an important historical work. Forgotten Books uses state-of-the-art technology to digitally reconstruct the work, preserving the original format whilst repairing imperfections present in the aged copy. In rare cases, an imperfection in the original, such as a blemish or missing page, may be replicated in our edition. We do, however, repair the vast majority of imperfections successfully; any imperfections that remain are intentionally left to preserve the state of such historical works.

English
Français
Deutsche
Italiano
Español
Português

www.forgottenbooks.com

Mythology Photography **Fiction**
Fishing Christianity **Art** Cooking
Essays Buddhism Freemasonry
Medicine **Biology** Music **Ancient
Egypt** Evolution Carpentry Physics
Dance Geology **Mathematics** Fitness
Shakespeare **Folklore** Yoga Marketing
Confidence Immortality Biographies
Poetry **Psychology** Witchcraft
Electronics Chemistry History **Law**
Accounting **Philosophy** Anthropology
Alchemy Drama Quantum Mechanics
Atheism Sexual Health **Ancient History**
Entrepreneurship Languages Sport
Paleontology Needlework Islam
Metaphysics Investment Archaeology
Parenting Statistics Criminology
Motivational

Presentación

Decía Brecht que los hombres que luchan toda la vida son imprescindibles. A pesar de haber sido asesinado a los 31 años de edad, el poeta centroamericano (Guatemala, 1936) Otto René Castillo hizo proféticas las palabras del gran dramaturgo alemán.

A estas alturas ya nadie es capaz de ignorar la significación de Otto-René en el quehacer político-literario de la región centroamericana; de hecho, es todo un símbolo de la abolición de la esclavitud. Porque el poeta miraba esclavitud en la madera que asoma a los ojos del obrero desempleado, esclavitud en el vaivén del vocablo oprimido del indio del altiplano, esclavitud en el niño mandadero que merodea por los mercados en busca de un bocado, esclavitud en la mujer que no tiene quién por ella desde el día en que su marido fue asesinado, esclavitud en el hombre que desdobla toda su estatura en una tierra sin límites de la cual jamás tendrá ni siquiera un puñado así de chiquitito, esclavitud en la ausencia de la letra en la mano del niño pobre, esclavitud en el temblor de los ancianos que mueren bajo los puentes, esclavitud hasta en los pasos analfabetos de los soldados que le quisieron doblar la voz cuando lo asesinaron.

****

Otto-René Castillo no teorizó. Actuó a la altura de lo que escribió, o sea que fue realmente revolucionario a tiempo completo y con esa práctica genuina del que quiere darlo todo a cambio del resplandor de la aurora. Poeta cuya teoría fue su ejemplo mismo, llegó hasta el plato magro del pueblo guatemalteco, y su canto es desde siempre una llanura inevitable en el camino de los hombres justos. La casi inmediata popularidad de su palabra no fue un milagro, fue el resultado de la batalla que declaró, con todo lo que tenía, contra la venta de la conciencia, contra los monstruos bieneducados que sólo saben decir sí, contra los que tienen una bien lubricada bisagra en el espinazo y un interminable callo en el alma. Y su poesía fue la pedagogía que, entre sudor y sudor, acaso pergeña Paulo Freire; la mismísima pedagogía de Espartaco, de Lautaro, de Guatimozín, de Lempira, de Tecún Umán. Pedagogía de decir **Vámonos, Patria, a caminar** mientras se va dando el primer paso sin más equipaje que la conciencia limpia y la promesa de no fallarle nunca a la pobrería. Este poeta decidió cambiar la macolla de todas sus metáforas por la oportunidad de hablarle de frente a la patria con algo más que las palabras.

JUAN RAMON SARAVIA

A manera de prólogo

Hace alrededor de diez años, necesidades del servicio social obligatorio, condujeron a un médico amigo a las apartadas regiones del norte guatemalteco. Cierto día realizó una larga caminata. Cansado, se sentó en una piedra. Cuando se levantó -para darse ánimo- dijo: "Vámonos, patria, a caminar. . .". Su sorpresa fue mayúscula cuando escuchó, de labios de uno de los guías, un campesino, el complemento de aquel verso.

Tanto el médico como el hombre del campo, pertenecientes a dos estratos sociales diferentes, guardaban aquellos versos en su memoria; compartían -de algún modo- la secreta invitación, el riguroso compromiso implícito en los versos contundentes. Tal nivel de asimilación implica que lo escrito por Otto René Castillo había tocado fondo y estaba sedimentado en el amplio corazón del pueblo.

Y no se necesitan muchos versos para lograrlo. La poesía -¡y qué bien que sea así!- no se mide en términos cuantitativos. Tres o cuatro versos luminosos, trabajando al interior del hombre, al martillar sobre la conciencia, en el balance de las vidas, puede ser que sean los únicos que cuenten.

Otto René Castillo tiene más de cuatro versos que a lo largo de dos décadas -desde que, con su mutismo, demostró que la tortura es impotente cuando se ejerce contra la férrea voluntad de un Hombre-, más que un deleite estético, han desencadenado conmociones interiores. Cuestionamientos inflexibles del yo frente a destinos colectivos. Vergüenzas profundas en la confrontación entre un yo generalmente pusilánime y la verticalidad de una conducta.

Porque al pueblo no se le engaña con almibarados discursos ni con modas pasajeras, plegadas al uso del momento. Entre la palabra y el acto exige rigurosa correspondencia. Otto René Castillo encarnó cada uno de esos versos. Y si dijo: "Vámonos, patria, a caminar (. . .) Yo he de morir para que tú no mueras", transformó en verdad la intuición premonitoria. Hasta hacerse uno con el fuego, víctima del antihumanismo de un oscuro jefe militar, posteriormente impuesto como Presidente de Guatemala.

La simbiosis perfecta de teoría y práctica ha convertido a Otto René Castillo en el gran maestro de las últimas generaciones de guatemaltecos. En la sensibilización sobre las condiciones de miseria y opresión afianzadas desde siglos y en la formación de una conciencia sobre la impostergable necesidad de transformar ese orden social injusto, ha hecho más la poesía de Otto René Castillo -como bien lo señala Mario Roberto Morales- que todos los manuales existentes en Guatemala.

No podía ser de otra manera. Porque -como buen maestro- la transparencia de su mensaje no necesita intérpretes. Sin doblaje, ahí se palpa su amor-pasión a la patria, vista como "pequeña campesina", "antigua madre del dolor y el sufrimiento", la del "pequeño corazón futuro". Brilla -nítido- su repudio al intelectual aséptico. Como látigo, "violento de las cóleras del pueblo", resuena su verso contra "los coroneles que orinan tus muros". *Solidaria, su mano se extiende "a los de siempre", a "los campesinos agrarios", a "los obreros sindicales", al "que nunca traicionó/ a su clase".* Orgulloso, frente al balance futuro, se siente "un victorioso", satisfecho de "amar al mundo/ con los ojos/ de los que no han nacido/ todavía." Sabe que, en éstos, habrá un "retorno a la sonrisa". Su canto: "Por lo que no debe morir, tu pueblo:" Guatemala.

Pero Guatemala sólo es la necesaria referencia espacial. La poesía de Otto René Castillo trasciende la limitación geográfica y se extiende a la defensa de lo que en cualquier lugar del mundo debe permanecer incólume: la libertad "porque durante mucho/tiempo/se la busca,/para matarle a golpes/su suave y claro/corazón de multitudes." De ahí que su poesía sea válida en todo lugar en donde, a golpes de picana, capucha, camas electrizadas. . . se la quiera destruir. Y como tales engendros inquisitoriales rondan demasiado cerca, volver a la poesía (y al ejemplo) de Otto René Castillo -cuando arrecian los vientos destructivos- se hace casi factor de sobrevivencia en dignidad.

La poesía no tiene fronteras y América -"la que tenía poetas/ desde los viejos tiempos de Netzahualcoyotl"- también es una. Además, tratándose de poesía lo único que importa -como lo preconizó Neruda- es que esté llena de pueblo: vale decir, de optimismo, de indeclinable determinación de vivir y luchar porque, aun "cuando todo en torno a uno/ es aún tan frío y tan oscuro", se tiene el privilegio de ver con los ojos de los que no han nacido todavía. Y el panorama es solidariamente hermoso.

HELEN UMAÑA

Agradecimiento

*Los familiares de Otto René Castillo
y la Editorial Guaymuras agradecen
profundamente al artista
guatemalteco Rafael Cuevas Molina
su colaboración al ilustrar esta
antología.*

Pequeña patria, dulce tormenta mía,

Vámonos patria a caminar

1.- Nuestra voz.
2.- Vámonos patria a caminar
3.- Distante de tu rostro

Para que los pasos no me lloren,
para que las palabras no me sangren:
                    canto.
Para tu rostro fronterizo del alma
que me ha nacido entre las manos:
                    canto.
Para decir que me has crecido clara
en los huesos más amargos de la voz:
                    canto.
Para que nadie diga: ¡tierra mía!,
con toda la decisión de la nostalgia:
                    canto.
Por lo que no debe morir, tu pueblo:
                    canto.
Me lanzo a caminar sobre mi voz para decirte:
tú, interrogaciòn de frutas y mariposas silvestres,
no perderás el paso en los andamios de mi grito,
porque hay un maya alfarero en su corazón,

que bajo el mar, adentro de la estrella,
humeando en las raíces, palpitando mundo,
enreda tu nombre en mis palabras.
Canto tu nombre, alegre como un violín de surcos,
porque viene al encuentro de mi dolor humano.
Me busca del abrazo del mar hasta el abrazo del viento
para ordenarme que no tolere el crepúsculo en mi
                                                    /boca.
Me acompaña emocionado el sacrificio de ser hombre,
para que nunca baje al lugar donde nació la traición
del vil que ató su corazón a la tiniebla, negándote!

2

Vámonos patria a caminar, yo te acompaño.

Yo bajaré los abismos que me digas.
Yo beberé tus cálices amargos.
Yo me quedaré ciego para que tengas ojos.
Yo me quedaré sin voz para que tú cantes.
Yo he de morir para que tú no mueras,
para que emerja tu rostro flameando al horizonte
de cada flor que nazca de mis huesos.

Tiene que ser así, indiscutiblemente.

Ya me cansé de llevar tus lágrimas conmigo.
Ahora quiero caminar contigo, relampagueante.
Acompañarte en tu jornada, porque soy un hombre
del pueblo, nacido en octubre para la faz del mundo.
Ay, patria,
a los coroneles que orinan tus muros
tenemos que arrancarlos de raíces,

colgarlos en un árbol de rocío agudo,
violento de cóleras del pueblo.
Por ello pido que caminemos juntos. Siempre
con los campesinos agrarios
y los obreros sindicales,
con el que tenga un corazón para quererte.

Vámonos patria a caminar, yo te acompaño.

Pequeña patria mía, dulce tormenta,
un litoral de amor elevan mis pupilas
y la garganta se me llena de silvestre alegría
cuando digo patria, obrero, golondrina.
Es que tengo mil años de amanecer agonizando
y acostarme cadáver sobre tu nombre inmenso,
flotante sobre todos los alientos libertarios,
Guatemala, diciendo patria mía, pequeña campesina.

Ay, Guatemala,
cuando digo tu nombre retorno a la vida.
Me levanto del llanto a buscar tu sonrisa.
Subo las letras del alfabeto hasta la A
que desemboca al viento llena de alegría
y vuelvo a contemplarte como eres,
una raíz creciendo hacia la luz humana
con toda la presión del pueblo en las espaldas.
¡Desgraciados los traidores, madre patria,
                                        /desgraciados.
Ellos conocerán la muerte de la muerte hasta la
                                        /muerte!

¿Por qué nacieron hijos tan viles de madre cariñosa?

Así es la vida de los pueblos, amarga y dulce,
pero su lucha lo resuelve todo humanamente.
Por ello patria, van a nacerte madrugadas,   •
cuando el hombre revise luminosamente su pasado.
Por ello patria,
cuando digo tu nombre se rebela mi grito
y el viento se escapa de ser viento.
Los ríos se salen de su curso meditado
y vienen en manifestación para abrazarte.
Los mares conjugan en sus olas y horizontes
tu nombre herido de palabras azules, limpio,
para lavarte hasta el grito acantilado del pueblo,
donde nadan los peces con aletas de auroras.

La lucha del hombre te redime en la vida.

Patria, pequeña, hombre y tierra y libertad
cargando la esperanza por los caminos del alba.
Eres la antigua madre del dolor y el sufrimiento.
La que marcha con un niño de maíz entre los brazos.
La que inventa huracanes de amor y cerezales
y se da redonda sobre la faz del mundo
para que todos amen un poco de su nombre:
un pedazo brutal de sus montañas
o la heroica mano de sus hijos guerrilleros.
Pequeña patria, dulce tormenta mía,
canto ubicado en mi garganta
desde los siglos del maíz rebelde:
tengo mil años de llevar tu nombre
como un pequeño corazón futuro
cuyas alas comienzan a abrirse a la mañana.

Hay tantas
cosas
que no sabes
de mí,
madre.

Madre íntima

Hay tantas
cosas
que no sabes
de mí,
madre,
que, a veces,
me duelen
tanto
tus manos,
cuando, por ejemplo,
no interrogan
mi pobre cabellera
con el lenguaje
de sus dedos
          abuelos.

Lo sabes.

Tenemos que cambiar
nuestro país,

con sólo nuestras manos.
Desde tus 66 años,
me comprendes todavía.
Pero sé que más me quisieras
pleno de quietud en todo esto.
Temes que lleguen y te digan,
los compañeros: "Su hijo murió
de madrugada, señora."
Tal vez entenderías mi muerte.
Tal vez sólo tu llanto tibio.
Quién sabe cómo temblarían
tus ramales más altos.
Madre mía,
¡ojalá que yo no tenga
que causarte tanto dolor!

Pero lo sabes.

Tu pecho
no existe
para mí,
porque no tengo
reposo.
Y para que no
te duela
más
el hijo que tú
        amas,
tengo
que reír,
     madre mía,
aun cuando tú sabes
       que sufro.

El gran inconforme

Nunca preguntéis
a un hombre
si sufre,
porque siempre
se está sufriendo
en alguna forma
y en algún camino.

Hoy,
por ejemplo,
sufro tu dolor,
patria mía,
hasta lo más alto
de mi alma.
Y no puedo
escapar,
llagado

como estoy,
de tu tragedia.

Debo vivirte,
porque no he nacido
para darte
el contrapecho
de mi vida,
sino lo más noble
y provechoso que tengo:
la vida de mi vida,
la dignidad y su ternura.

II

Si alguien
sufre tanto contigo,
ese pobre hombre
tengo que ser yo,
yo que sufro tus limosneros,
tus prostitutas,
tus hambrientos,
tus ásperas colonias populares,
donde tienen sus nidos
los buitres
del hambre y del frío.

Pero yo no te sufro
sólo con los ojos
abiertos,
sino con toda la herida,
tanto del alma
como del cuerpo,

porque soy, antes que nada,
el gran inconforme
que anda
debajo de la piel
de todos,
esperando su hora,
porque nadie
como los pueblos
sabe,
que no se puede
renunciar jamás
a la lucha,
porque tampoco
se puede renunciar
nunca a la victoria.

En nosotros
está la libertad,
como en la noche
la aurora, ...

cuevas/88.

Retorno al dolor de todos

He vuelto
después de cinco años,
Y sola estaba la calle
para mí.
Este viejo viento
que conozco desde niño,
caracoleó un poco en mis cabellos
y se quedó ahí de pie, y alegre
tal vez por mi regreso.

De los amigos,
ninguno estaba para verse.

Casi todos siguen lo mismo,
me dijeron vagamente,
pero su piel
se ha vuelto grave ya.
Casi todos también
laborando en la sombra,

dejando
con su vejez
una dura y amarga constancia
de su lucha.

Algunos, sin embargo,
se han cansado ya y le dieron
las espaldas al pueblo y a su frente.
Para poder comer y dormir
mejor
se despojaron de sí,
se convirtieron tristemente
en el gusano que odiaban
y ahora reptan,
hondo,
en la inmundicia,
donde se hartan
junto a las bestias.

A pesar de todo,
han sido muy pocos
los traidores,
los que un día
temblarán
ante la furia
múltiple
del pueblo
y pedirán perdón
y serán dura,
cierta,
justamente
castigados,
porque ellos

siempre supieron
lo que estaban haciendo.

He vuelto
después de cinco años.
Y nadie
pudo acudir a saludarme.
Ni aun aquellos
para quienes he vivido
luchando, gritando:
"¡Vosotros sois grandes,
poderosos, y unidos podéis
hacer más llevadera la vida.
Sublevaos!"

Ni aun ellos me recuerdan.

Mis compatriotas
siguen y siguen sufriendo
diariamente.
Tal vez ahora
un poco más que siempre.

He vuelto, digo.
Y estoy aquí
para seguir luchando.
Y aunque,
a veces,
me ardan otras lunas
muy lejanas y muy bellas
en la piel,
me quedaré con todos,
a sufrir con todos,

a luchar con todos,
a envejecer con todos.

A su regreso,
dirán después los hombres,
no hubo nadie, no hubo nada,
a no ser la calle sola
y este viejo viento
que conoció de niño,
hace ya tanta estrella
y tanta, tanta lluvia.

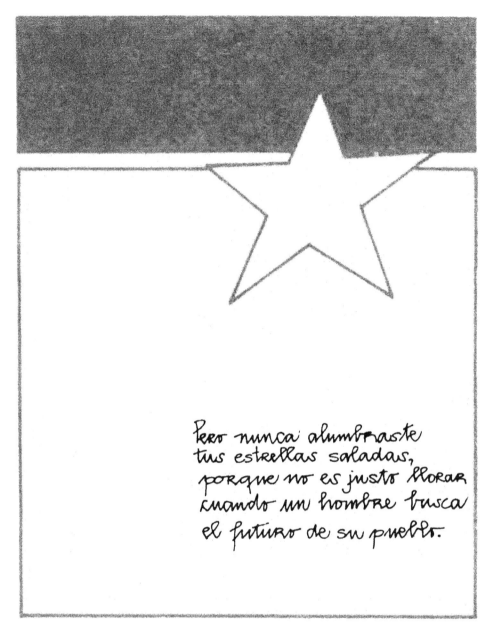

Pero nunca alumbraste
tus estrellas saladas,
porque no es justo llorar
cuando un hombre busca
el futuro de su pueblo.

Carta de amor constante

Al decirte aquella tarde
que pronto volvería hacia mi tierra,
porque allí me esperaban los caminos
que siempre he recorrido desde niño,
las altas jacarandas de mi patria
y una apretada música de abrazos,
recuerdo que hablaste de nosotros,
de los parques que juntos conocimos,
de las lágrimas que me seguirían
cuando yo volviera hacia mi pueblo
y del hondo dolor que te causaba
mi clandestino regreso a Guatemala,
porque tú seguirías amando
al joven exiliado que aprendió
a cantar en el destierro.
Pero nunca alumbraste
tus estrellas saladas,
porque no es justo llorar
cuando un hombre busca

el futuro de su pueblo.
Hoy amo la firmeza
que inundó de pájaros mis ojos,
porque te veo, como entonces,
cultivando los geranios rojos
que yo solía besar en la mañana
como un firme tributo a la ternura.
Y te escribo esta carta
porque es necesario
dejar clara mi partida:
volví a mi país
por un mandato exacto
de mi estrella perenne,
pero tengo dos meses
de no besar geranios rojos
y todas las madrugadas,
cuando mi anatomía enciende
su cotidiana lámpara de sangre
me voy hasta el lejano suburbio
donde sueña tu corazón sonoro
su vieja forma de abrazarme
y al pie de sus recuerdos
grabo mi destino de soldado
de los viejos anhelos populares,
hundo mi voz en los geranios
con una gran pasión silvestre
y abrazo al primer hombre
que llora en medio de la calle...

todo Berlín

está en tus ojos

cuevas/08.

Bajo la tarde, en Berlín

Tú llegabas,
como el viento,
de lejos.
Y venían en tí,
como en el mar,
la suavidad de la luna
y el paso del sol.
De pie, la tarde
era una lejanía
en llamas grises.
Bajo los árboles
eran tristes los cielos.

No era la primavera,
sino el fin del invierno.

II

Era la tarde
en la que vendrías
todas las tardes
hacia mí.
De allí en adelante
tus pasos estarían atados
siempre a mi ternura de laurel.
Y ya no andaría solo
por el mundo,
con el alma despoblada,
como la mesa de un hambriento.
En ese día nos faltaba
mucho llanto y mucha risa
todavía por nacer.
Eramos los que se encuentran,
casi al azar; bajo la tarde
de las ciudades populosas.

Hacía frío aún bajo el abrigo.
Pero nunca como entonces fui dichoso.

No era la primavera,
amor mío,
sino el fin del invierno.

Y a pesar de todo,
sigo, necio que soy,
mi ronco y rudo camino,
mi camino
que pronto terminará.

Aspera sangre

El animal
que había en mí,
ha sido destrozado
esta mañana
de un solo golpe
mortal.

Esta mañana
de primavera,
que sólo sabe cantar
en verde,
en estas calles de Berlín.

Ahora seré tranquilo,
como un río,
rumoroso y ancho.
Y los que me hagan daño
sufrirán mi dolor,
mucho más hondo

que cuando la furia
alzaba su bestial
espumarajo,
desde mi áspera
sangre.

Humanamente,
creo,
he madurado mucho,
tal vez
porque presiento
que dentro de algún
tiempo,
voy a morir.
Y sin embargo,
yo, que me arrastré
entre la inmundicia,
tratando de ser bueno
y siempre supe ser el malo,
creo,
firmemente apoyado
sobre mi corazón,
que la ternura
tiene derecho sobre todas
las cosas,
a encenderse
en todas partes,
como la primavera
en Berlín
esta mañana,
tan alta y tan clara,
tan dulce y dulce,
en la que ha muerto

el animal
que había en mí,
de un golpe
horrendo y colosal.

De mí no oirán
nunca más,
un estruendo
en el corazón.
Ahora sé
que sólo el viento
anda conmigo,
y que detrás de mis huellas
vendrán otras borrándome.

Y esta mañana de primavera
en Berlín,
presiento ya,
que tan sólo ha florecido
una sonrisa verde y tierna,
para que el invierno
se acerque a naufragarla.

Y a pesar de todo,
sigo, necio que soy,
mi ronco y rudo camino,
mi camino
que pronto terminará.

Las palomas volando entre la espuma
serán lágrimas de amor que no temblaron
en mis párpados.

Mañana triunfante

Estoy seguro.
Mañana, otros poetas buscarán
el amor y las palabras dormidas
en la lluvia.
Puede ser que vengan
con las cuencas vacías a llenarse
de mar y paisaje.
Hoy, la amargura y la miseria
rondan mis bolsillos
abiertos en la noche
a las estrellas.

Mañana, para mi júbilo repicando
en las paredes,
la novia tendrá su más bella
campana hecha de mar y arena
de lluvia y panorama.

Mañana me amarán los ríos
por haber pegado propaganda
en la noche de la patria:
ellos se encargarán de recordar
mi nombre.
Y con su rostro de sonrisa
la más humilde campesina
escribirá la poesía de amor
que no salió de mi garganta.
El rostro de un niño alimentado
escribirá lo que detuvo
un grito de combate en mis arterias.

Las palomas volando entre la espuma
serán lágrimas de amor que no temblaron
en mis párpados.

Mañana, cuando no intervengan en Corea
para rodear de sombras la sonrisa
y no quieran detener la roja estrella
que llevan los quetzales en el pecho,
entonces los poetas
firmarán su canto con rosales.

...con el hierro
de tu nombre
en los ojos.

cuevas/88.

Oración por el alma de la patria

¡Que los pueblos tengan paz,
mucha paz, y sean felices!
Popol Vuh.

Hundo mis manos en la tierra
y las semillas se me escapan
como ágiles lágrimas del campo
Beso el arcilloso paraninfo
de los surcos hinchados de rocío
y el beso busca el viento floral
para encender su golondrina herida
en la pupila sensual de las estrellas.
Uno mi sangre con la tierra fresca,
para agrupar la resonancia de mi cuerpo
en el futuro azul de las palabras
Hundo mi corazón en medio de la tierra
y por las milpas despliego sus hazañas
cuando crece pleno de cortesías
cereales, de puras y altas cortesías
cereales sostenidas por el vuelo
que persigo desde siempre, cantando
desde siempre. luchando desde siempre
porque cambie el mundo su tristeza

por una simple cascada de alegría,
por un destello de amor,
por una rosa de palabras
dulces y de dulces pupilas.

Sabemos todos que la tierra
es ancha y eternamente nueva.
Sabemos que es tan ancha
como las caderas
de la cosecha más extensa.
Y sabemos todos
que un sol íntimo
alumbra el nacimiento
de los frutos y las flores.
Y que una fuerza ciega
empuja los colores y las hojas
hacia la mano transparente
de los vientos.

Pero sabed,
sabed bien que nadie ríe
en medio de las flores y los surcos,
sabed bien que ninguno
alza su alegría con las plantas,
sabed bien que nadie
apoya el canto de los pájaros
ni la mirada azul de las mareas.

Pero sabed,
sabed bien que ninguno
cuando canta anda tranquilo,
como el gorrión o como el trino
de los vientos, en la garganta

vegetal y verde de los pinos,
sabed bien que nadie
dialoga ya con el crepúsculo
y con el beso estrellado de la noche.

Sabed bien que ninguno
talla los siglos en la roca dura
ni cuenta más el paso de la luna,
sabed bien que nadie
habla ya con los volcanes y las piedras,
porque sus altos templos
están cayéndoles al alma
sin que los astros lo sepan
sin que lo sepan las montañas
ni el gesto azul de las bahías!

Amemos, sin embargo,
los dulces hombros de la tierra
pongamos nuestro oído milenario
en el pecho de clorofila de la selva
y aprendamos el lenguaje de los árboles,
volvamos nuestros pasos
hasta la primera semilla cultivada
y dejemos impreso nuestro canto
en su cotiledón sonoro.

Amemos, sin embargo,
campesinos callados de mi patria,
dioses multiplicados por el hambre,
vocativos ejemplos de la hoguera maya,
amemos, a pesar de todo,
la redonda emoción de nuestro barro,
porque mañana, campesinos mayas,

nietos del maíz, abuelos de mis manos,
la pureza perfumada de la tierra
será para vosotros
el puñado de polen
que siempre estuvo al acecho
de volcarse en vuestras vidas
y en la celeste huella del viento,
que se levantará del puro amor
para salvar el alma de la tierra!

Retorno a la sonrisa

Los niños
nacidos
a finales
del siglo
serán alegres.

(Su sonrisa
es de sonrisas,
colectivas.)
Yo,
hombre en lucha
a mediados del siglo,
digo: a finales del mismo
los niños serán alegres,
volverán otra vez a reír,
otra vez a nacer en los jardines.
Desde
mi oscuridad amarga
salgo y sobresalgo

de mi tiempo duro
y veo el final
de la corriente:
niños alegres,
no más alegres!,
aparecieron
y se levantaron
como un sol de mariposas
después del aguacero
tropical.
Los niños
inundaron
el mundo
con su canto,
lo veo hoy,
1957, mediados
del siglo 20,
en un lejano
país de América,
en la cuna del maíz.
Desde mi tiempo áspero
veo un rostro de niño
inundado de gran felicidad
silvestre y colectiva.
Veo los niños alegres
rodeados de inquisidores;
polizontes con hambre
y funcionarios con miedo,
y,
soy feliz en mi presidio
lleno de casas y calles
y látigos y hambre,
porque veo la salida del sol

lleno de flores, talcos y juguetes.
Soy feliz por la niñez futura,
cuya ágil estatura nueva
la llevo guardada
en mi corazón
pobrísimo.
Soy feliz con mi alegría,
porque nada puede impedir
el nacimiento de los niños
al finalizar mi siglo 20,
bajo otra forma de vivir,
bajo otro aire profundo.

Soy feliz por la niñez del mundo
venidero, y, lo proclamo a grandes
voces, lleno de júbilo universal.

Patria peregrina

Yo ya puse mis oídos en la tierra.
Félix Calderón Avila.

Mi patria
camina por el mundo.

Ella no ha vuelto
aún hasta su choza,
sus pasos roen la cresta
primitiva del planeta,
suelen caer desde el tiempo
sus pisadas sobre el agua,
encima de lágrimas camina
en busca de sus hijos
la gran descalza peregrina.

Y no se cansará
de buscar a sus pequeños.
Ella caminará...
caminará por litorales

donde la espuma
vierte su blanco canto solitario

Caminará por valles
donde la mano del aire
entrega su rosa transparente
Caminará por caminos
donde las piedras buscan
palabras mudas que las arañan

Caminará por ríos
donde las aguas
le cantarán un historia
Caminará por tumbas
donde cadáveres
saludarán su paso.

Caminará bajo la tierra.
Encima de los vientos.
Y adentro del beso celeste
que las playas reciben del oceano

Sabéis, la peregrina que canto
busca su corazón
que le hace falta!

II

No fue posible
incinerar sus ojos.

Ella levantara sus pasos
para defender

la ruta de sus hijos ausentes.
Yo me voy con la patria a caminar,
hermanos,
yo aliviaré su sed y limpiaré su rostro,
yo limpiaré sus lágrimas y sus zapatos,
yo cuidaré su paso en la borrasca.

Ella no puede estar dormida.
Ella camina por el mundo.

Para que nadie
pierda su rastro
en el camino de regreso.
Para que nadie
recuerde al desterrado
que se dobló sobre su llanto.
Para que nadie
ponga su oído
sobre su pecho roto.
Para que nadie
tenga pupilas tristes
cuando la tarde caiga.
Para que nadie
oscile en el abismo
que se le abrió en el alma.
Una tarde volverá la patria
rodeada de todos sus pequeños.

Ella sabrá volver
hasta sus hijos.
Ella les llevará
la milpa de su risa
en primavera.

Ella les llevará
el volcán
que aquellos sueñan

Ella les donará
los ríos
que aquellos lloran

Ella les llevará
en la mano
su vientre enamorado.

Ella les besará
la huella
que aquellos sufren.

Ella les abrirá
la puerta
que los verdugos cierran.
Ella volverá una tarde
rodeada de todos sus chiquillos.

III

Comprended: no se le impide
al polen que fecunde a su alegría.
Porque a mi tierra,
a mi diminuto país
bañado por el odio,
la peregrina del amor,
mi patria de metal y azúcar,
ha de llegar muy pronto
con el exilio
ahorcado entre sus manos!

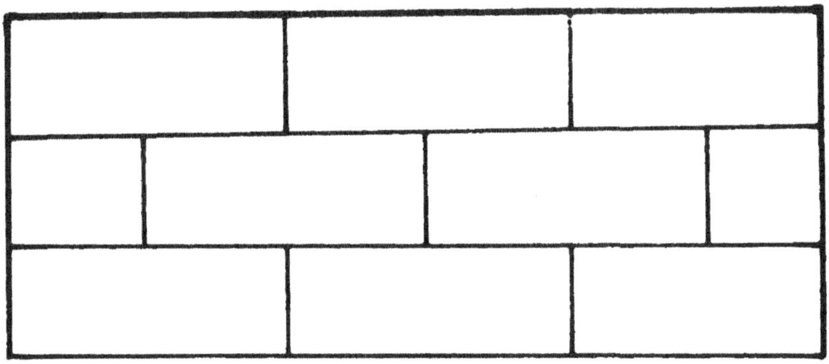

Los albañiles

Desde
los edificios altos
una canción de mi país
abre su pecho y desemboca
al viento su ráfaga de albañiles
para decirle al universo musical
que no ha muerto la esperanza
en el corazón de los obreros...

La mirada azul del viento
alumbra cotidianamente los rostros
de los sencillos albañiles compañeros,
que empujan la canción de mi país
hacia la inmensa flor de la sonrisa
que los espacios mantienen encendida.

Los albañiles que en la tierra lloran,
en la boca del viento se sonríen...

II

Amo la estatura de aire enamorado
que los albañiles andan portando
debajo de sus ropas remendadas.
Amo la frente que choca contra el suelo
sin saber ni cómo ni dónde ni por qué
ni en qué minuto fatal se quiebra el grito
sobre la engusanada conciencia del patrono,
ni por qué cuando los albañiles fallecen
hay una peregrinación de pájaros enlutados
hacia el rostro cipresal del cementerio,
ni el motivo atroz de condenar al pobre
a ser el perenne perro de los ricos.
Y odio en furia indetenible, feroz,
que se pretenda amaestrar al hombre
sólo porque es pobre y tiene hambre
y trabaja de albañil en donde sea
por unos pocos centavos miserables.
Y odio al tiempo que nos muerde duro,
porque hay días terriblemente amargos,
días nacidos más allá del llanto,
días de malos y negros sentimientos,
días que caen con los albañiles
desde el último piso de su vida
hasta el tacto fúnebre de la muerte.
Allí es donde mi esqueleto juega
una partida original y dolorosa,
porque es mi frente la que choca
contra la apretada lágrima del asfalto

y por la herida se me escapan volando
los últimos trinos de mi sangre.

III

Sin embargo, yo os digo, albañiles,
aéreos compañeros de los astros,
padres que coronan de ternura
la parte alta de los edificios,
que pronto sabréis qué se siente
cuando se crece entre jardines.

Frente al balance, mañana

Y cuando se haga
el entusiasta recuento
de nuestro tiempo,
por los que todavía
no han nacido,
pero que se anuncian
con un rostro
más bondadoso,
saldremos gananciosos
los que más hemos
sufrido de él.
Y es que adelantarse
uno a su tiempo,
es sufrir mucho de él.

Pero es bello amar al mundo
con los ojos
de los que no han nacido
                    todavía.

Y espléndido,
saberse ya un victorioso,
cuando todo en torno a uno
es aún tan frío y tan oscuro.

Estratega a contrapecho del hombre

Coronel,
tú que tienes
las armas y el poder,
puedes mandar
a bombardear
nuestras montañas,
que su tranquilo
pecho
de esperanza y pájaro
jamás huirá
despavorido hacia el viento.

Coronel,
tú que tienes
las armas y el poder,
puedes mandar
a matar
a quien te dé la gana;
a encarcelar

a quien se atreva
al coraje de la frente
en alto,
gallarda y luminosa
como son las frentes
de los dignos.

Coronel,
tú que tienes
las armas y el poder,
puedes
enviar a cerrar un instituto;
a herir el dulce futuro
de la patria con la tarascada
gris y salvaje
de tus malditas balas
y a uniformar
el orgullo civil
del quetzal postprimario.

Pero todo será vano,
coronel,
porque tú no puedes,
con tu impotencia milenaria,
mandar a bombardear,
a matar y encarcelar,
a uniformar
la inconformidad
de un pueblo entero.
Esa es la lucha,
coronel,
y en esa lucha
tú llevas

la peor parte,
porque tú,
coronel,
piensas
del hombre para atrás
y el pueblo piensa
del hombre
hacia adelante.
He ahí,
pues,
coronel,
estratega
a contrapecho
del hombre,
porque tienes
de antemano
perdida la batalla
en contra de
                nosotros.

Cae la lluvia
junto a mi ventana,
y no esa lluvia americana de mi patria,
tormentosa y violenta,
que aroma de barcos mi sueño marino

cuevas/88.

Lluvia

¡Oh lloviznas de mi infancia,
antiguas, dulces camaradas mías!

Hoy llueve largo,
el agua ha tendido su párpado
sobre la redonda pupila terrestre
y hay un subsueño acuático, difuso,
en cuyo labio más remoto navegan
cinco barcos de papel sin marineros.
Hoy llueve extenso,
el agua quiebra su delgada cintura
en las manos sedientas de la tierra,
estableciendo en su inmenso territorio
un recuerdo ambiguo, borroso, que inventa
esa forma de darse que tiene la tristeza...

¡Oh lloviznas de mi infancia dulces,
antiguas camaradas mías que yo amo!

Hay un tiempo atrás de mis últimos pasos:
allí la lluvia y los pájaros invadieron
los bosques que mi pecho levanta con orgullo.

Hay una pareja enamorada bajo el agua
allí los besos desnudos caminan
en el invierno como niños descalzos.
Hay una risa campesina que nos llueve,
allí crece silvestre el trigo de la vida
y su estatura dorada nos pulsa su guitarra
con la música blanca que las espigas sueñan

¡Oh infancia que descalza caminas
por aquellos inviernos provinciales!

¡Oh aguas pupilares de mi país,
naced en mi roto corazón...!

II

Cuando en sus cuartos los obreros
acarician la frente de sus hijos,
es entonces que la lluvia llora,
se desata golpeando los tejados,
estrella su frente amplísima
en todas las ventanas enemigas,
embiste sus cuernos acuáticos
contra el pecho del viento,
desangra la golondrina de sus ojos
contra las piedras ásperas. Asciende
a luchar contra el sol y lo vence,
hasta que sus flechas líquidas
se vuelven a dormir en el aire,
extiende la frescura de su mano
a la redonda palabra de la tierra
y al pie del hombre vuelve a tenderse,
porque su inmenso corazón

lo lleva el viento entre sus manos .

¡Oh lloviznas de mi pequeño país
niñas de fraternales abrazos!

Amo a la lluvia.
sus pasos de agua me visitan,
y todos los días, al levantar mi voz
contra los viejos sistemas del hambre,
hay alguien vigilante que guía mis pasos
desde el pecho fluvial de una tormenta.

Amo a la lluvia·
con ella oí llorar al mar
cuando puse mi oído ciego
sobre el pecho tembloroso
de un joven marinero asesinado.

¡Oh lluvias mías, tormentas dulces,
lloviznas, aguas de viejas alegrías,
ya no tengo mi pulso a la altura
de vuestro agitado paso por el mundo...!

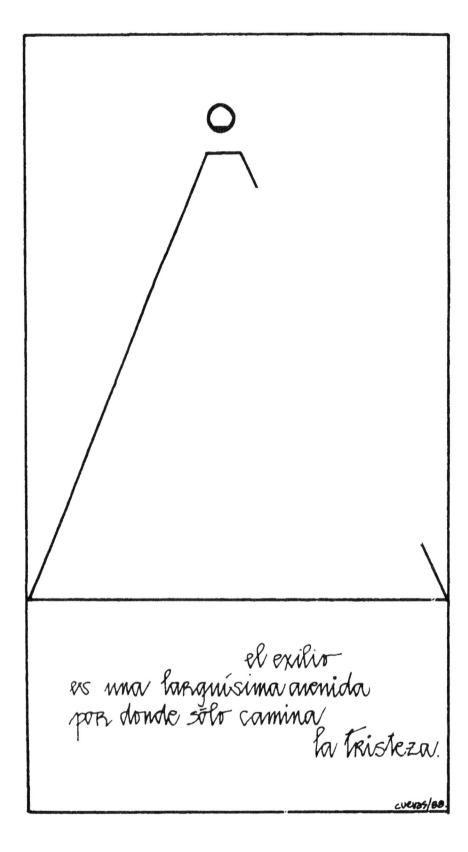

el exilio
es una larguísima avenida
por donde sólo camina
la tristeza.

cuevas/88.

Exilio

Mi exilio era de llanto.

La eterna mirada gris de los policías
sobre mi rostro insuficiente.
Los mesones del hambre más allá del puñado
de dólares violadores de patrias.
El equipaje arreglado todos los meses,
dispuesto a finalizar su éxodo
de lágrimas y polvo.
Caminé por las costas ajenas
buscando el rostro de mi país.
Madrugadas de gaviotas me seguían.
Recibía abrazos dados con la fuerza brutal
del que siente un cataclismo de rosas
en la parte más escondida del alma;
apretones de mano en las noches
de fuga, donde siempre se encendía

la mirada fluvial de nuestra madre,
y su vieja dimensión de ceiba
con sus ramas en alto,
defendiendo la ciudad de los pájaros
de la eterna ofensiva del agua.

Yo era una lágrima de mi patria
que rodaba por la cara de América.

Porque soy de los que llevan
                              todavía
vientos maternales
en las pupilas de la sangre.
De los que lloran golondrinas
cuando sueñan el rostro de su infancia.
De los que persiguen ágiles mariposas.
Y de aquellos que navegan con su barco de papel
todas las tardes del invierno.
Soy apenas una joven marea
                              de mi pueblo.
Y sin embargo afirmo:
                      mañana mi cabellera
de peces
              estará blanca.
Mi rostro estará borrado
por las manos de la niebla.
La mirada de mis huesos
se perderá en un viento
de ceniza.
                  Pero mi corazón
soldado estará entero,
con sus banderas en alto.

II

Tú, mercader de mi país,
escucha
¿Has oído caminar a la patria
más allá de tu sangre?
¿Te has despertado alguna vez
llorando por su pulso sonoro?
¿Has oído, algún día de invierno,
sentado en un café de país lejano,
que platiquen los hombres de su lucha?
¿Has visto el exiliado moribundo,
tirado en un cuartucho sucio, acostado
sobre una cama construida de cajones,
preguntar por la vaga estatura
de sus hijos ausentes de su amor?
¿Has oído penar a la risa? ¿Has
llorado alguna vez sobre el vientre
altísimo de nuestra patria? ¿Has
oído que estúpidamente te digan:
¡comunista!, porque eres diferente
al rebaño que deifica al déspota?
¿Has visto cómo la dulce costurera
estampa un beso tierno en la mejilla
aceitosa de su príncipe mecánico?
¿Has apretado la mano callosa
de los obreros que forjan
el colectivo destino del mundo?
¿Has visto cómo ríen los niños pobres
con el bello optimismo de su infancia?

Mercader de mi claro país, tu silencio
es más grande que toda tu riqueza.

Y ustedes, indiferentes, ¿qué dicen?
¡Silencio!
           No contesten nada.
No abran la boca,
                     si no son capaces
de contestar protestando.

Y otra pregunta dolorosa para todos·
¿Saben acaso qué es el exilio?
¡Claro, qué van a saberlo!
Yo lo voy a decir:
                     el exilio
es una larguísima avenida
por donde sólo camina
                     la tristeza.
En el exilio, todos los días
se llaman simplemente agonía.

Y algo más, mercaderes e indiferentes
de mi país. En el exilio se puede perder
el corazón, pero si no se pierde,
                           nunca
podrán asesinarle su ternura
ni la fuerza vital de sus tormentas!

Intelectuales apolíticos

Un día,
los intelectuales
apolíticos
de mi país
serán interrogados
por el hombre
sencillo
de nuestro pueblo.

Se les preguntará,
sobre lo que hicieron
cuando
la patria se apagaba
lentamente,
como una hoguera dulce,
pequeña y sola.

No serán interrogados
sobre sus trajes,

ni sobre sus largas
siestas
después de la merienda,
tampoco sobre sus estériles
combates con la nada,
ni sobre su ontológica
manera
de llegar a las monedas.
No se les interrogará
sobre la mitología griega,
ni sobre el asco
que sintieron de sí,
cuando alguien, en su fondo,
se disponía a morir cobardemente.

Nada se les preguntará
sobre sus justificaciones
absurdas,
crecidas a la sombra
de una mentira rotunda.
Ese día vendrán
los hombres sencillos.
Los que nunca cupieron
en los libros y versos
de los intelectuales apolíticos,
pero que llegaban todos los días
a dejarles la leche y el pan,
los huevos y las tortillas,
los que les cosían la ropa,
los que les manejaban los carros,
les cuidaban sus perros y jardines,
y trabajaban para ellos,
                    y preguntarán.

"¿Qué hicisteis cuando los pobres
sufrían. y se quemaba en ellos,
gravemente, la ternura y la vida?"

intelectuales apolíticos
de mi dulce país,
no podréis responder nada

Os devorará un buitre de silencio
las entrañas.
Os roerá el alma
vuestra propia miseria
Y callaréis,
                avergonzados de vosotros

Informe de una injusticia

Desde hace algunos días se encuentran bajo de la lluvia los enseres personales de la señora Damiana Murcia v. de García de 77 años de edad quien fue lanzada de una humilde vivienda, situada en la 15 calle "C", entre 3a. y 4a. avenidas de la zona 1."

*(Radioperiódico "Diario Minuto",
primera edición del día miércoles
10 de junio de 1964.)*

Tal vez no lo imagines,
pero aquí,
delante de mis ojos,
una anciana,
Damiana Murcia v. de García,
de 77 años de ceniza,
debajo de la lluvia,
junto a sus muebles
rotos, sucios, viejos,
recibe
sobre la curva de su espalda,
toda la injusticia
maldita
del sistema de lo mío y lo tuyo
Por ser pobre,
los juzgados de los ricos
ordenaron desahucio.
Quizá ya no conozcas

más esta palabra.
Así de noble
es el mundo donde vives.
Poco a poco
van perdiendo ahí
su crueldad
las amargas palabras.

Y cada día,
como el amanecer,
surgen nuevos vocablos
todos llenos de amor
y de ternura para el hombre.

Desahucio,
         ¿cómo aclararte?
Sabes, aquí,
          cuando
no puedes pagar el alquiler,
las autoridades de los ricos
vienen y te lanzan
con todas tus cosas
a la calle.
Y te quedas sin techo,
para la altura de tus sueños.
Eso significa la palabra
desahucio: soledad
abierta al cielo, al ojo juzgor
y miserable.

Este es el mundo libre, dicen.
¡Qué bien que tú
ya no conozcas

estas horrendas libertades!

Damiana Murcia v. de García
es muy pequeña,
                    sabes,
y ha de tener tantísimo frío.

¡Qué grande ha de ser su soledad!

No te imaginas
lo que duelen estas injusticias.
Normales son entre nosotros.
Lo anormal es la ternura
y el odio que se tiene a la pobreza.
Por eso hoy más que siempre
amo tu mundo,
                    lo entiendo,
                         lo glorifico
atronado de cósmicos orgullos.

Y me pregunto:
¿Por qué, entre nosotros,
sufren tanto los ancianos,
si todos se harán viejos algún día?
Pero lo peor de todo
                    es la costumbre.
El hombre pierde su humanidad,
y ya no tiene importancia para él
lo enorme del dolor ajeno.
                         Y come,
                         y ríe,
y se olvida de todo.
Yo no quiero

                para mi patria
estas cosas
Yo no quiero
                para ninguno
estas cosas
Yo no quiero
                para nadie en el mundo
estas cosas
                Y digo yo,
porque el dolor
                debe llevar
claramente establecida su aureola
Este es el mundo libre, dicen.

Ahora compárame en el tiempo.
Y dile a tus amigos
que la risa mía
se me ha vuelto una mueca
                        grotesca
en medio de la cara.
Y que digo amen su mundo.
Y lo construyan bello.
Y que me alegro mucho
de que ya no conozcan
injusticias
                tan hondas y abundantes.

De los de siempre

Usted,
        compañero,
es de los de siempre.
De los que nunca
se rajaron,
¡carajo!
De los que nunca
incrustaron su cobardía
en la carne del pueblo.
De los que se aguantaron
contra palo y cárcel,
exilio y sombra.

Usted,
        compañero,
es de los de siempre.

Y yo lo quiero mucho,
por su actitud honrada,

milenaria.
por su resistencia
de mole sensitiva.
por su fe.
mas grande
y mas heroica.
que los golgotas
juntos
de todas las religiones

Pero. ¿sabe?
Los siglos
venideros
se pararán de puntillas
sobre los hombros
del planeta,
para intentar
tocar
su dignidad,
que arderá
de coraje,
todavía.
Usted,
compañero,
que no traicionó
a su clase,
ni con torturas,
ni con cárceles,
ni con puercos billetes,
usted,
astro de ternura,
tendrá edad de orgullo,
para las multitudes

delirantes
que saldrán
del fondo de la historia
a glorificarlo,
                    a usted,
al humano y modesto,
al sencillo proletario,
al de los de siempre,
al inquebrantable
acero del pueblo.

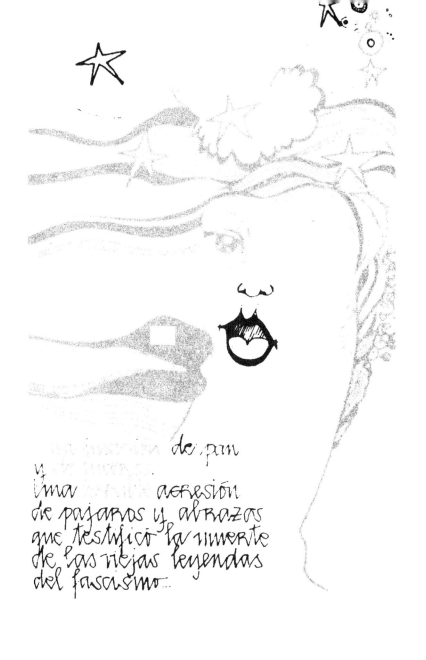

de pan

una ... agresión
de pajaros y abrazos
que testifico la muerte
de las viejas leyendas
del fascismo...

Muralla de besos

Pero
no cayó el hombre
en las esquinas londinenses,
ni en los sótanos de París,
desde donde la resistencia
dirigía bengalas hermosas
a todos los pueblos de la tierra,
ni cayó el hombre
 a los pies de Stalingrado
sino para establecer
una muralla de besos,
que defendiera el corazón
profético
de la mañana venidera.

Como raíz
enterró
el hombre sus besos
en la tierra.

Y allí resguardó
su flor.
Su libro.
Su alegría.
Hasta que vino
en abril de 1945
una invasión de amor
de las estepas.

Una invasión de pan
y de luceros.
Una terrible agresión
de pájaros y abrazos,
que testificó la muerte
de las viejas leyendas
del fascismo
y el nacimiento
popular
de la paloma y la sonrisa.

Causa de ternura

Y así
como soy,
a veces,
el más turbio
de los hombres,
hay también días,
como ahora,
en los que soy
el más claro
de todos
y el más propenso
a la ternura.

Ahora
podría besar
al mundo entero
y ser el más noble
de todos los naranjos
del planeta.

Ahora
bastaría
la más simple palabra
o el gesto más sencillo,
para hacerme inmensamente
dichoso y hacerte catedralmente
feliz. Por eso no te olvides
de estas palabras,
                    mi dulce visitante:
nada de su humanidad
                    debe negar el hombre,
ni su lodo, ni sus estrellas!

Y nada
podrá
contra la vida
porque nada
pudo
jamás
contra la vida.

cuevas/88.

Comunicado

Nada
podrá
contra esta avalancha
del amor.
Contra este rearme del hombre
en sus más nobles estructuras.
Nada
podrá
contra la fe del pueblo
en la sola potencia de sus manos.
Nada
podrá
contra la vida.
Y nada
podrá
contra la vida,
porque nada
pudo
jamás
contra la vida.

Holocausto del abrazo

Yo, que amo como nadie la poesía,
que comprendo la tristeza de un árbol;
el dolor de un poeta, su inmensidad
condenada al recipiente chico;
su ir y venir del sueño al desvelo;
su galope loco por los territorios,
donde la estrella habla,
el fuego embiste
y la vida y la muerte
son amantes del ciclón y del cisne;
yo, no puedo llegar a abrazar
a todos los poetas;
oír cómo crece la hierba azul
de la poesía desde su alma;
navegar por los ríos
escondidos en sus manos;
oír cómo cae el viento
en el desfiladero
de sus palabras más amargas;

nacer también desde su pecho
como una rosa oscura y anónima
y decirle al tímido tomad
mi brazo, marcharemos juntos.
Y hacerle sentir el resplandor
de la amistad más ancha,
para que sea menos su dolor;
su agónico paso por el mundo.
Y enseñarle al triste
la bella cintura de la risa,
para que su tristeza
sea dulce lámpara amorosa
y no lirio que se apaga
cuando la soledad se enciende.
Y al poeta de vigorosos aceros
cultivarle en el pecho
la rosa más bella y más grande
para que no pase por el mundo
con la pupila ciega
y la ternura coja
y sepa amar la vida
donde la misma surge
con su rostro flameante.
Y entender a todos
y a todos decirle: vive,
porque la vida
es la poesía más alta.

Holocausto de la
merienda tranquila

Yo, que busco mi pan diario
en las manos nupciales
de la harina; que amo la gaviota
silvestre de su vuelo
y el corazón mundial del trigo
con su rostro moreno por el ardor
del sol, del agua, de los aires;
yo, no puedo comer mi pan tranquilo,
mi pan que amo y que me gusta,
porque me da la fuerza para el beso,
para el vuelo de mi mano,
para la lluvia de mi frente.
Yo, no lo puedo comer tranquilo
mientras le falte al mundo;
mientras el mundo no cambie
y no cese el combate
jadeante de los dientes;
mientras lo humano se desgaste
y lo lobo nos crezca

y el hambre nos mate
a sobresaltos sucesivos.

¡Qué terrible mi tiempo!

Hombres del futuro, cuando
penséis en nuestro tiempo,
no penséis en los hombres,
pensad en las bestias
que fuimos mordiéndonos
a dentelladas homicidas
los pedazos de alma...

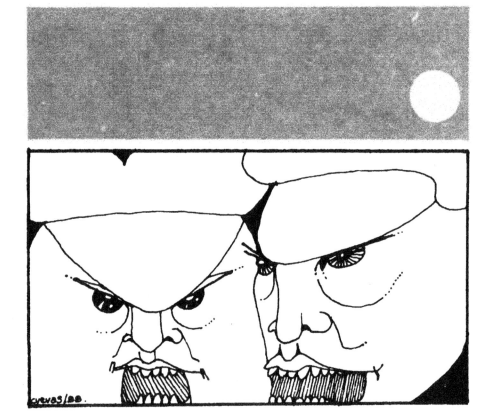

Holocausto optimista

¡Qué terrible mi tiempo!

Y sin embargo, fue mi tiempo.
No lo impuse yo, tan sólo
me tocó hundir mis pasos
en su vientre
y caminar con el fango
hasta el alma,
llenarme la cara de lodo,
enturbiarme la pupila
con el agua sucia
y marchar
hacia la orilla futura
dejando una huella
horripilante
que hederá
para todos los tiempos.
Y sin embargo, fue mi tiempo.
Pustulento. Perruno. Horrendo.

Creado por el lobo, en verdad.
Sufrido por el hombre, a verdad.
Destruido con odio y muerte
en nombre del amor y la vida.

¡Qué terrible mi tiempo!

Y sin embargo, fue mi tiempo.
Hombres del futuro, cuando
penséis en nuestro tiempo,
no penséis en los hombres,
pensad en las bestias
que fuimos mordiéndonos
a dentelladas homicidas
los pedazos de alma
que tuvimos,
pero pensad también
que en este combate
entre animales
se murieron las bestias
para todos los siglos
y nació el hombre,
lo único bueno de mi tiempo.
Y que en medio de todo,
algunos vimos,
llenos de telarañas
y de polvo genésico,
cómo el hombre
fue venciendo a la bestia.
Y cómo el futuro
se acercaba
con una estrella
en los cabellos,

cuando moría
la bestia
bajo el peso
del hombre.

En mi pecho, tu mano es una corza

Tu mano,
tu mano es pequeña,
y en el cosmos
su dimensión
quizá no tenga
la menor importancia.

Tus ojos la ven,
y ya no piensan nada
sobre ella,
acostumbrados como están
a la ternura
de todas las cosas
habituales.

Pequeña,
muy pequeña es tu mano,
y junto al astro
más diminuto de todos

tu mano ya no cuenta,
amor mío,
pero para mí
tiene tu mano lunas y otoños,
y mucho mundo
en capacidad de amanecer.
Y cuando tu mano
se acerca a mi rostro
es un naranjo suave,
que me cubre
tibiamente con sus hojas.
Y cuando salta
a mi pecho,
tu mano,
tu pequeña mano
es una corza,
que corre gozosa
y de pronto se para
y oye en la más larga lejanía
un profundo lenguaje
que sólo ella
entiende
en todo el universo.

Tu mano,
tu pequeña mano,
es entonces,
por ahora
lo más grande
que existe en el espacio
para mí.

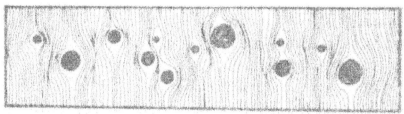

las flores en Berlín
desaparecen
cuando llega el otoño
ladrando en amarillo

cuevas/88.

En unos meses más

Este árbol sin hojas
se llenará de pájaros
en primavera.
Y el humo habrá perdido
su juventud entre las nubes.
La calle, hoy fría y rápida,
andará más lenta en verano,
más llena de mi ausencia que nunca.

Y ese niño será una estación
más viejo que ahora.
Quizá en abril ya tenga miedo
de los enormes perros
que acaricia en noviembre.
Y el anciano que nos mira,
tal vez te mire después
desde la estrella más distante
o desde la fresca presencia
de una flor, que aún debe ignorar
que nacerá de ojos tan adultos.

Pero nadie, amor mío, nadie
te verá desde su corazón en llamas,
sufriendo como un astro herido y lejano.
Sin alba, sin flor, sin golondrina.
Ajeno al pulso del viento
que guarda también tu cabellera.
De frente a frente
con su hallazgo de ausencias.

Habrá pasado
             mucho
                  puente,
entonces,
sobre el agua de los ríos.
Y a tu caricia le faltará mi pecho.
Y a mi ternura le sobrarán sus vientos.

Viudo de Mundo

Compañeros míos,
yo cumplo mi papel
luchando
con lo mejor que tengo.
Qué lástima que tuviera
vida tan pequeña,
para tragedia tan grande
y para tanto trabajo.

No me apena dejaros.
Con vosotros queda mi esperanza.

Sabéis,
me hubiera gustado
llegar hasta el final
de todos estos ajetreos
con vosotros,
en medio de júbilo
tan alto. Lo imagino

y no quisiera marcharme.
Pero lo sé, oscuramente
me lo dice la sangre
con su tímida voz,
que muy pronto
quedaré viudo de mundo.

para que no cayera
la esperanza.

cuevas/88

A los intelectuales

En los momentos
de más tenso miedo
y de más espeso silencio,
hablar
es el resguardo obligado
para los intelectuales
de cada país,
y si se quiere
imponernos el silencio,
tenemos que hablar,
en alto,
campanudamente,
aun a riesgo de caer
a la marea oscura
de donde ya nadie
se levanta,
sino para ser
el dulce corazón
de ceniza
de un múltiple recuerdo.

Pero si uno cae,
uno cuyo amor
es más grande
que las catedrales juntas
de todos los planetas,
si uno cae,
es porque alguien
tenía que caer,
para que no cayera
la esperanza.
Siempre ha tenido
que caer alguien
en algún sitio,
cuando la dignidad,
la libertad
y la merienda
estuvieron tan lejos
de la vida cotidiana
y sencilla de los hombres,
que era necesario
mantener la altura
de los gestos amables,
la trayectoria
ronca y dura del coraje,
para no caer
definitivamente
al vil gusano
que husmea claudicación
en todas partes.
No cabe duda.
Ante el miedo
y el silencio,
ante la hosca represión

de los que temen
hondamente
al huracán del alba
el intelectual,
debe recordarse
que si huye
de su agudo destino,
que si se calla
claudicando
en forma perruna
a los pies de su temor,
algo de su país
huye y calla,
claudicando también con él.
Y esto es horrendamente
amargo para un pueblo,
que no puede
renunciar a la lucha,
porque tampoco
puede renunciar
a la victoria.
Intelectuales
de mi áspero país,
os invito a la lucha,
a la proclama audaz
de nuestros sufrimientos,
al gallardo y atronador
pregón
de los combates que se libran
para que la libertad
ya no vista su luto
más oscuro
                entre nosotros!

108

Indice

Se terminó de imprimir en los
talleres gráficos de la
EDITORIAL GUAYMURAS, S.A.,
en el mes de agosto de 1989.
Su tiraje consta de 2,000 ejemplares.

10/92 — 2

TR ...
... 10/92
✓ 5/14

5/96   4   ✓ 5/96

Otto René Castillo nació en Quetzaltenango, Guatemala en 1936. A los 18 años marchó al exilio hacia la República de El Salvador. Posteriormente viajó por Alemania, Hungría, Austria, Chipre, Cuba y Argelia. Siendo estudiante de la Universidad de Leipzig, Alemania Oriental y en condición de exilado, su inquietud y su amor a la patria lo motivan a regresar, sumándose a las fuerzas revolucionarias que por aquella época activaban en Guatemala. Herido en combate, lo capturan y lo llevan a la base militar de Zacapa, en donde es torturado y quemado vivo en 1967.

En la poesía de Otto René se advierten los rasgos característis de su personalidad: ternura, intensa vitalidad, aferramiento a esperanza y rechazo de la muerte como negación de la vida. obstante, asumió verticalmente su compromiso con el puebl aunque ello significara la pérdida de la vida. Aunque le apag las golondrinas de sus ojos, sabía que su fuego se encenderí los corazones populares y que otros levantarían su bandera para que no cayera la esperanza.

Editorial Guaymuras, fiel a su tradición de divulgar obras que ayuden a la comprensión de la realidad y los anhelos de nue pueblos, rinde homenaje a Otto René con la publicación de e. antología, que recoge lo más representativo de la creación literaria del poeta de la ternura silvestre.

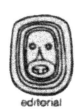

editorial

CPSIA information can be obtained
at www.ICGtesting.com
Printed in the USA
BVOW10s0305291117
501448BV00010B/345/P